BEI GRIN MACHT SICH IHR WISSEN BEZAHLT

AF139916

- Wir veröffentlichen Ihre Hausarbeit, Bachelor- und Masterarbeit

- Ihr eigenes eBook und Buch - weltweit in allen wichtigen Shops

- Verdienen Sie an jedem Verkauf

Jetzt bei www.GRIN.com hochladen und kostenlos publizieren

Bibliografische Information der Deutschen Nationalbibliothek:

Die Deutsche Bibliothek verzeichnet diese Publikation in der Deutschen National-
bibliografie; detaillierte bibliografische Daten sind im Internet über http://dnb.d-
nb.de/ abrufbar.

Impressum:

Copyright © 2017 GRIN Verlag, Open Publishing GmbH
Druck und Bindung: Books on Demand GmbH, Norderstedt Germany
ISBN: 9783668511323

Dieses Buch bei GRIN:

http://www.grin.com/de/e-book/373592/deutsche-und-griechische-bewegungsver-
ben-im-vergleich

Foteini Svarna

Deutsche und Griechische Bewegungsverben im Vergleich

GRIN Verlag

Universität Athen
Philosophische Fakultät
Fachbereich für Deutsche Sprache und Literatur
WiSe 2016-2017

Lexikologie

Deutsche und Griechische Bewegungsverben im Vergleich

Svarna Foteini

ATHEN 2017

Inhaltsverzeichnis

1. Einleitung 3

2. Das mentale Lexikon und seine Struktur 3

    2.1 Wortproduktion und Worterkennung 4

    2.2 Gruppierungen der Wörter 5

3. Wortassoziationen und Frame-Semantik 6

    3.1 Semantische Relationen 6

    3.2 Frame- Semantik 7

4. 'Verb-framed' und 'Satellite-framed' languages 8

    4.1 Pfad- und Art-Verben 8

    4.2 'Verb-framed' und 'satellite framed' languages 8

5. Sprachvergleichende Analyse der Bewegungsverben 10

6. Lexikalische Polysemie 11

    6.1 Bedeutungsverschiebungen 12

    6.2 Bedeutungsverengungen 12

    6.3 Bedeutungserweiterungen 12

    6.4 Metaphorisierung 13

    6.5. Metonymisierung 13

    6.6 Analysen der Bewegungsverben 'gehen' und 'laufen' im Deutschen und im Griechischen 13

        6.6.1 'gehen' , 'πηγαίνω' 13

        6.6.2 'laufen', 'τρέχω' 14

7. Schlusswort 15

8. Literaturverzeichnis 16

Anhang 17

1.   Einleitung

In dieser Seminararbeit werde ich mit mehreren Bereichen der Lexikologie beschäftigen, diese werden im Hauptteil dargestellt. Die Anwendung der analysierten Theorie folgt im Anhang, worin sich Aufgaben befinden, die auf dieser basieren. Erstmals wird das mentale Lexikon und sein Aufbau beschrieben, damit man versteht, dass das menschliche Gehirn ein "Netzwerk" ist, dass uns erlaubt Wortbildungen zu machen. Diese Wortbildungen erfolgen dank seiner Strukturiertheit und den Mechanismen, die zur Wortproduktion und der –Erkennung führen. Wörter werden auch durch die Assoziationen erlernt. Es entstehen Beziehungen zwischen den Wörtern und diese werden mit den Elementen der passenden Situation, in der es gebraucht wird verknüpft. In dem Fall redet man von "Frame-Semantik". Da das Verb ein wichtiger Teil der Sprache ist, beschäftige ich mich in dieser Arbeit mit den Bewegungsverben und die Unterscheidung dieser in Pfad- und Art- Verben, sowie auch die 'verb- framed' und 'satellite- framed' languages. Es folgen Vergleiche der Bewegungsverben zwischen der deutschen und griechischen Sprache, was auch im Kapitel der lexikalischen Polysemie mit den Verben "gehen" und "laufen" passiert.

2.   Das mentale Lexikon und seine Struktur

Zahlreiche Untersuchungen innerhalb der Neurowissenschaften haben herausgefunden, dass das mentale Lexikon ein *"neuronales Netzwerk"*(Portz 2005:82) ist. Die lexikalischen Einheiten befinden sich im Gehirn in einer solchen Weise, dass sie "sowohl holistisch als auch nach Lautung und Bedeutung getrennt abgerufen werden"(Portz 2005:82). Das Gehirn hat die Mittel, die sich während dem Spracherwerb entwickeln, und dafür zuständig sind, dass Wortbildungen und die Analyse dieser passiert (Portz 2005:82).

Das mentale Lexikon ist ein Teil der Sprache. Für die Wörter gibt es auf der einen Seite die Bedeutung und Wortart und auf der anderen die Laute. Zwischen den beiden Seiten entsteht eine Verbindung. Diese Verbindung ist "willkürlich" (Aitchinson 1997: 291) , wie man bei den Onomatopoetika z.B *niau*, *wau* einer Sprache sieht. Diese differenzieren sich jedoch von Sprache zu Sprache. Die einzelnen Sprachen produzieren Verknüpfungen zwischen Lauten und Bedeutungen. Es existieren bestimmte Laute, die spezifischen Bedeutungen anzuknüpfen sind. Man merkt aber, dass es zwischen Bedeutung und Lautung keine feste Bindung gibt. Das passiert, weil die "Semantik und Wortart die Worterzeugung erleichtern soll" (Aitchinson 1997: 292), während die Phonologie zuständig für das Erkennen dieser ist. Die *Lemmata* befinden sich in "semantischen Feldern"(Aitchinson 1997: 292) und innerhalb dieser entstehen Bindungen. Die Sprecher haben dann, eine große Auswahl aus bestimmten Themenbereichen, indem sie Wörter, die miteinander verbunden sind, vergleichen. Auf der anderen Seite die *Lautformen* sind eng mit Wörtern verbunden, die ähnlich klingen wie z.B "Lamm" und "lahm" oder "sollen" und "Sohle". Die Hörer müssen in diesem Fall das richtige aussuchen. Bei der Produktion von Sprache können, aber Schwierigkeiten entstehen. Deswegen muss der Sprecher bei der Lautung eines Wortes achten, dass es mit keinem ähnlich klingenden verwechselt wird. (Aitchinson 1997: 292)

2.1   Wortproduktion und Worterkennung

Was also die Lautstruktur angeht, ist das Lexikon erstmals auditiv und bei der Sprachproduktion muss das Auditive in entsprechenden Lautsequenzen umgewandelt werden. Das mentale Lexikon ist also ein gemischtes System, das sowohl auf die Wortproduktion als auch die Erkennung achten soll. Für die Produktion ist zuständig die Semantik und Syntax und für die Erkennung die Strukturiertheit der Laute. Diese sind unterschiedlich organisiert. Die Modifikation des Lexikons und die Anordnung der Wörter in Wortarten und Gruppen passierten nicht nur für die einfache Nutzung sondern auch für die effektive Speicherung der Wörter im Gedächtnis. Dieses braucht ein gut geordnetes System um mit den tausenden von Wörtern richtig umzugehen. (Aitchinson 1997: 293).

Das Lexikon ist also ein System, dass aus der Syntax- Semantik und der Phonologie besteht. Die Verbindung dieser führt zur Produktion von neuen Wörtern. Es handelt sich also, um ein Netzwerk in dem es mehrere Verknüpfungen gibt, das auch "zu den allgemeinen kognitiven Fähigkeiten einer Person" (Aitchinson 1997: 295) führt. Darin besteht die Möglichkeit Zugang an einer großen Zahl von Allgemeinwissen und Erinnerungen zu haben. Da es mehrere Verknüpfungen in den komplizierten System des mentalen Lexikons gibt, weiß man nicht, "wo die Bedeutung eines Wortes endet und das Allgemeinwissen beginnt"(Aitchinson 1997: 295).

Andere Verbindungen führen zu der Syntax. Das betrifft vor allem Verben, die syntaktische Regeln brauchen, um richtig verwendet zu werden.

Man sieht, dass es unterschiedliche Verfahren gibt, die zur Sprachproduktion und Erkennung führen. Wenn man auf der Suche eines Wortes im mentalen Lexikon ist, folgt man einen bestimmten Weg in ein kompliziertes Netz, um das passende Wort auszuwählen.

2.2   Gruppierungen der Wörter

Es gibt Wörter in dem Netz die häufiger gebraucht werden. Zu diesen gelangt man relativ leicht. Aber um zu Wörtern zu gelangen, die in bestimmten Gelegenheiten verwendet werden ist der Weg schwieriger.

Lexikalische Einheiten werden innerhalb des mentalen Lexikons auf einer bestimmten Art und Weise sortiert, dass die Lautung und Bedeutung immer wenn man sie braucht, abgerufen werden kann. Es wird dafür gesorgt, "dass komplexe Lexeme bei Bedarf auch hinsichtlich ihrer morphemischen "Bausteine" abrufbar sind" (Portz 2005: 82). Es gibt einen so genannten "Werkzeugkasten"(Portz 2005: 82), der zur Verfügung steht und dieser wird während des Spracherwerbs entwickelt. Er bekommt die erforderlichen Mittel, die sowohl für die Wortbildung als auch für die Analyse neuer Wortbildungen zuständig sind (Portz 2005: 82).

Die Elemente der Wörter des mentalen Lexikons stehen in Verbindung zueinander, aber auch zu anderen Einheiten wie zum Beispiel Bilder. Aus diesem Grund ist die Akustik und Optik eines Wortes und Bildes der Vorreiz (Prime) (Portz 2005: 83), der vorher aktiviert wird, für die Erkennung eines Zielwortes (Target) (Portz 2005: 83) wichtig.

3. Wortassoziationen und Frame-Semantik

Beim Erlernen eines Wortes werden mehrere Arten von Assoziationen verknüpft. Es muss erstmals die Form gelernt werden. Noch werden die Laute, aus denen das Wort zusammengesetzt ist, assoziiert. Es folgt die Verknüpfung der Elemente der Situationen in denen das Wort gebraucht wird. Ist dieses Wort der "Tiger", dann sind solche Assoziationen zwischen Elementen seines Lebensraums, seiner Größe, seiner Ernährung, seines Aussehen usw. Die Form des Wortes wird mit seiner Referenzklasse verbunden. Schon auf dieser Ebene zeigt sich, „wie die Konstruktion der Begriffswelt sprachlich vermittelt wird" (Ludewig, Geurts 1998: 211): von den Assoziationen zwischen den Sinneserfahrungen werden die ausgewählt, die mit den passenden Wörtern verknüpft sind. Die Wortform wird also nicht auf einer abstrakten Weise mit dem Begriff verbunden, sondern der Begriff ist das Ereignis, bei dem das passende Wort verwendet wird(Ludewig, Geurts 1998: 211).

3.1 Semantische Relationen

Die Beziehungen zwischen den Wörtern ist ein wichtiger Teil unseres wortbezogenen Wissens. Diese werden semantisch erklärt

und zählen zu den semantischen Beziehungen im Wortschatz.
Darunter die Synonyme: "Zwei Wörter sind synonym dann, wenn man das einen in jedem Kontext für das andere einsetzen kann"(Busse 2009: 104).
- Beispiele: *"Arzt"- "Doktor", "Fleischer"* und *"Metzger", "sagen"* und *"ausdrücken", "Orange" - "Apfelsine"*
Auf der anderen Seite gib es den "Bedeutungsgegensatz"(Busse 2009: 105). Man redet von Antonymen, wenn man das Gegenteil eines Wortes untersucht
- z.B. *ankommen- abfahren, lachen-weinen, stehen-sitzen.*
Bedeutsam ist auch die "Bedeutungshierarchie"(Busse 2009: 105).Es gibt Bezeichnungen für bestimmte Gegenstände, die Oberbegriffe und Unterbegriffe besitzen. Diese Oberbegriffe heißen Hyperonyme und es folgen weitere spezielle Unterteilungen, die Hyponyme genannt werden. Das Wort "Möbel" ist ein Hyperonym, da sich unter *"Möbelstück"* Wörter wie *"Sessel", "Sofa", "Stuhl", "Tisch", "Regal"* befinden.

- Möbelstück: Sessel, Sofa, Stuhl, Tisch, Regal

Diese Möbelstücke sind die Hyponyme, sie sind dem Oberbegriff "Möbel" untergeordnet.

Als letzte Relation erwähne ich die Heteronyme. In diesem Fall redet man von "Inkompatibilität" (Busse 2009: 107). Man redet von Heteronymen, wenn die Bedeutungen der Wörter sich wechselseitig ausschließen und sie zusammen einen gemeinsamen Gegenstandsbereich einer bestimmten Dimension vollständig abdecken(vgl. Busse 2009: 107).

z.B Jahresmonate: Januar, Februar, März, April usw.

3.2   Frame- Semantik

So wie sich Busse auf Fillmore beziehend ausführt, ist die *Frame- Semantik* eine „Verstehens-Semantik". Viele syntaktische und satzsemantische Probleme lassen sich lösen, wenn man die semantisch erforderlichen Elemente erweitert. Diese Erweiterung für das korrekte Verstehen notwendiger Elemente wurde als „Frame" benannt (Busse 2009: 80f.). Alle menschlichen Wahrnehmungen und Erinnerungen wurden in Form von *Schemata* organisiert. Das heißt, dass die *Frame-Semantik* davon ausgeht(Busse 2009: 83f.):

Sprachliche Zeichen setzen in Kommunikationszusammenhängen Anhalts- und Markierungspunkte, die es ermöglichen, den Bedeutungsgehalt inferentiell(schlussfolgend), d.h. im impliziten Rückgriff auf Weltwissen, zu konstruieren.[...] Sprachliche Ausdrücke fungieren so gesehen eher als Anspielungen auf vorausgesetztes Wissen als Transformbehälter für Wissen.

Das Hintergrundwissen, das erforderlich ist, wird auf bestimmter strukturiert. Die Elemente, die im verstehensrelevanten Wissen gehören, sind in diesem „Rahmen"(*Frame*) zu finden und *füllen* die *Leerstellen*. Jeder Begriff, der so eine Füllung durchführt, ist selbst ein „Rahmen" (Busse 2009: 84).

4. 'Verb-framed' und 'Satellite-framed' languages

Unter den zahlreichen Verben einer Sprache gibt es viele, die eine Bewegung zeigen. Diese heißen Bewegungsverben und enthalten das semantische Merkmal der Bewegung. Diese Bewegung, die das Verb bezeichnet, verlangt weitere Eigenschaften, wie den Ausgangspunkt, das Ziel und den Weg. Ein solches Verb verlangt manche Angaben, um ein vollständiges Bewegungsereignis zu zeigen. Die Bewegungsverben differenzieren sich, was die Fortbewegung angeht. Passiert sie auf dem Land, im Wasser oder in der Luft? Ist die Bewegung schnell oder langsam, horizontal oder vertikal? (Busse 2010: 18ff)

4.1 Pfad- und Art-Verben

Nach Talmy treten in einem Bewegungsereignis mehrere semantische Komponenten auf, darunter ist der PATH→WEG, das Element, das die Richtung, die die Figur hinsichtlich einer Hintergrundes nimmt. Der WEG ist ein internes Element. Eine andere Komponente, die in einem Ereignis auftreten kann ist MANNER→ART UND WEISE. Diese drückt die Art und Weise der Bewegung aus. Der WEG gehört zum Kern eines Bewegungsereignisses und die ART zum sogenannten "Co-Ereignis». Diese muss nicht in allen Sprachen notwendigerweise lexikalisiert werden(vgl. Talmy 2000:49). Dagegen wird Bewegung immer im Verb realisiert und der Weg entweder im Verb, das sind die 'verb-framed' languages oder außerhalb des Verbs, das sind die 'satelite-framed' languages (Busse 2010: 34f). Zum Beispiel: der Satz *Tobias klettert auf den Baum*. Das Bewegungsverb *klettert* drückt die Art und Weise der Bewegung aus, indem die Präpositionalphrase *auf den* den Weg ausdrückt.

4.2 'Verb-framed' und 'satellite framed' languages

Der Begriff 'verb-framed' languages(auf Deutsch verbal gefasste Sprachen) und sein Gegenteil satellite-framed languages dienen der Linguistik dazu, zwei grammatische Typen von Sprachen zu differenzieren. Es handelt sich um die Differenzen in der Art, wie Informationen auf die Bedeutungen der Wörter verteilt werden. Konkret, welche Informationen werden innerhalb des Verbs ausgedrückt und welche werden stattdessen als anderes Satzteil außerhalb des Verbs ergänzt. Den zweiten Fall sehen wir in den 'satellite-framed' languages. Die zwei bedeutendsten Vertreter dieser Theorie sind Talmy und Slobin.

Um Bewegungsereignisse konkret zu beschreiben, wird die Eigenschaft "des Pfades" von der Eigenschaft "der Art und Weise" unterschieden. Wie vorher schon genannt, bezeichnet der Pfad die Richtung der Bewegung, indem die Art und Weise-Eigenschaft die Methode und die Bewegungsform anzeigt.

Nach Talmy werden die zwei verschiedenen Arten von Sprachen darin unterschieden, ob die Informationen über den Pfad **im** Verb ausgedrückt werden, genauer in der "Werbwurzel" oder ob die Beschreibung des Pfades **außerhalb** des Verbs angezeigt wird. Das passiert durch einen "Satelliten". Satelliten sind Präpositionalphrasen (z.B. auf den Baum), oder Adverbien. Als Satelliten zählen auch die Präfixe oder die Parikeln. In der deutschen Sprache existieren mehrere solche Verben, z.B. hinausgehen, aussteigen, austreten. Man sieht, dass das Deutsche zu den 'satellite-framed' languages gehört. Einen "Satelliten" braucht auch das Englische. Im Gegenteil das Französische und das Spanische gehören zu der anderen Kategorie der Sprachen. (https://de.wikipedia.org/wiki/Verb-framed_Language)

So wie sich Busse auf Berthele beziehend ausführt, verwenden Sprecher der S-Sprachen eine größere Menge von Bewegungsverben und insbesondere Verben, die die Art und Weise ausdrücken. Daraus folgt, dass sie expressiver, was den bewegungsausdruck sind. In den V-Sprachen ist ein Grundelement in der Verbalphrase integriert. Im Gegenteil, sind bei den S-Sprachen mehrere Grundelemente angegeben (Busse 2010: 38).

5. Sprachvergleichende Analyse der Bewegungsverben

In diesem Teil meiner Hausarbeit werde ich einen Vergleich zwischen den Bewegungsverben in der griechischen und deutschen Sprache machen, mit denen ich die Liste von Bauer ergänzt habe. Diese befindet sich als Nummer 8 im Anhang. Deutsch gilt als eine S-Sprache, da die Informationen zum Pfad außerhalb der Verbwurzel ausgedrückt werden, durch Präpositionen, Partikeln und Adverbien. Während der Übersetzung der deutschen Bewegungsverben ins griechische treten Differenzen in der Form auf.

- Das Verb *'rasen'*, das die Schnelligkeit zeigt, wird ins Griechische als *'τρέχω γρήγορα'* übersetzt.

Man sieht, dass man im Griechischen ein Adverb dazu schreibt, um es konkret auszudrücken. Etwas Ähnliches sieht man auch beim Verb *'joggen'*. Obwohl diese Tat mit einem Wort ausgedrückt wird, schreibt man es im Griechischen *'κάνω τζόκινγκ'*.Man benutzt das Verb *machen* undtrennt es von der Tat(τζόκινγκ).

Es folgen auch andere Bewegungsverben die mit Partikeln oder Präfixen verbunden sind. Diese werden in der griechischen Sprache umschreibend übersetzt.

- Das Verb *'hinunterstürzen'* ist ein Partikelverb. Partikelverben sind „Konstruktionen mit abtrennbarem Verbzusatz" (Busse 2010:45).

  Das Partikel *'hinunter'* zeigt in diesem Fall die Richtung an. Im Griechischen heißt es *'πέφτω κάτω'*. Es besteht also aus dem Verb und dem Partikel. Dennoch hört sich diese Übersetzung komisch für einen Griechen an, da πέφτω sowieso eine senkrechte Bewegung ausdrückt. Man kann sagen, dass κάτω überflüssig ist. Es folgen weitere Bewegungsverben *hinfallen, herausgehen, rausspringen, hinuntersteigen, hinaufsteigen*. All diese werden im Griechischen mit einem Verb und ein zusätzliches Adverb übertragen.

- Komisch klingt auch das *'hinaufsteigen'*, da es als ανεβαίνω πάνω übertragen wird. Wieder ist das Adverb πάνω überflüssig.

Man sieht auch Partikeln, die formgleich mit Präpositionen sind.

- Die Verben *'ankommen, einsteigen, vorgehen und aussteigen'*. Das Partikel dient zur Richtungsangabe. Die meisten dieser Verben werden im Griechischen mit zwei Wörtern übertragen. Z.B. *'πηγαίνω μπροστά'* oder *'μπαίνω μέσα'*.

- Das Bewegungsverb *'vordrängeln '* wird ins Griechische als eine ganze Phrase übertragen. *'Μπαίνω μπροστά στη σειρά'.* Es wird nicht nur ein Adverb *μπροστά* zur Richtungsangabe dazugeschrieben, sondern auch eine Ortsangabe *στη σειρά.*

- Letztens, das Verb *'müssen',* das im Deutschen auch als Vollverb gilt, bedeutet auf Griechisch *'πρέπει να'.* Damit es vollständig ist und allein stehen kann, braucht es ein Verb mit einer eigentlichen Bedeutung.

6. Lexikalische Polysemie

Unser Wortschatz besteht aus mehreren Wörtern. Die Form eines Wortes kann mit mehreren Bedeutungen in der Sprache auftauchen. Solche Wörter werden als polysem bezeichnet. Es können sich zwar unterschiedliche Bedeutungen ergeben, es gibt aber eine zentrale jedes Wortes, aus der sich folgende Bedeutungen im Laufe der Zeit entwickelt haben (Portz 2005: 60). Das heißt, dass sich die Lexeme des mentalen Lexikons nicht immer direkt verbinden, sondern ihre Bedeutung hängt vom jeweiligen Kontext ab. Das gleiche Wort, das in einem Kontext eine spezifische Bedeutung aufweist, kann gleichzeitig in einem anderen Kontext etwas anderes bedeuten. Dieses wird als "mehrdeutig" bezeichnet. Es hat zwar einen Kern, aus dem dann mehrere "Nebenbedeutungen" (Ulrich 2010: 172) entstehen.

- Als Beispiel möchte ich das Wort *heiß* erwähnen. Die Kernbedeutung dieses Wortes ist *sehr warm.* Es entstehen folgende Nebenbedeutungen.
→ *Heißes Wasser.* Wasser, dessen Temperatur sehr hoch ist.
→ *Heiße Frau.* Eine Frau, die leidenschaftlich ist.
→ *Heißes Blut haben.* Sehr leidenschaftlich sein.
→ *Er ist heiß darauf diesen Film zu sehen.* Er hat Lust diesen Film zu sehen.
→ *Heißer Draht.* Telefonleitung zwischen den Regierungen zweier Staaten zur Verständigung in Krisenzeiten.

Man sieht also, dass es möglich ist, die Bedeutung ein und desselben Wortes aufzuspalten. In diesem Fall gibt es Polysemie, "wenn die verschiedenen Bedeutungen auf einen gemeinsame Nenner beziehbar sind"(Nübling 2008: 110).

6.1 Bedeutungsverschiebungen

Es gibt eine Beziehung zwischen den einzelnen Bedeutungen, die Ergebnis von *"Bedeutungsverschiebungen"*(Portz 2005: 61) ist. *Bedeutungsverschiebungen* passieren, wenn aus einer Bedeutung 'A', eine Bedeutung 'B' entsteht und diese nichts mehr mit A zu tun hat (vgl. Nübling 2008: 114). Bedeutungsverschiebungen kommen aus den *Bedeutungserweiterungen* und den – *verengungen*. Man redet von einem *Bedeutungswandel*, wenn wir sehen, dass sich Bedeutungen von Wörtern im Laufe der Zeit entwickelt haben, wie bei *komisch* und *witzig* der Fall ist(Nübling 2008: 115)

Während *witzig*, ursprünglich 'klug, vernünftig, verständig', über 'geistreich' zu 'witzig, lustig' wurde, startete *komisch* bei der Ursprungsbedeutung 'lustig'. *Komisch* hat aber schon die Hauptbedeutung 'seltsam, merkwürdig' erlangt und mit Belustigung nicht mehr viel zu tun.

6.2 Bedeutungsverengungen

Bedeutungsverengungen oder *Spezifizierungen* sieht man häufig. In diesem Fall bekommt ein Wort zusätzliche Merkmale und es verringert somit seinen Anwendungsbereich. Ein Beispiel ist das Wort *fahren*. Früher bedeutete es die menschliche Fortbewegung. Heute wurde sich die Bedeutung des Verbes durch den semantischen Wandel verengt. Man verwendet das Verb *fahren*, um eine Bewegung auszudrücken, die 'ein Hilfsmittel' anfordert. Man sieht, dass sich diese Bedeutung "spezifiziert" hat, denn man kann es nicht mehr verwenden, um eine Bewegung auszudrücken, die kein Fortbewegungsmittel voraussetzt(Nübling 2008: 113f)

6.3 Bedeutungserweiterungen

Bei der Bedeutungserweiterung handelt es sich um ein Phänomen, bei dem sich die Anwendbarkeit eines Wortes erweitert. Lexikalische Wörter können entweder bedeutungserweitert werden oder mit Grammatikalisierungsprozessen *semantisch verallgemeinert* werden. Ein Beispiel ist das Wort *fertig*. Früher war es vom Wort 'Fahrt' abgeleitet und bedeutete 'für die Fahrt gerüstet'. Heutzutage benutzt man es um zu charakterisieren, dass man 'bereit ist' und dass man 'mit einer Aktivität vollendet, abgeschlossen hat'(vgl. Nübling 2008: 110).

6.4 Metaphorisierung

Diese Beziehungen stammen aus dem Prozess der *Metaphorisierung*. Um verschiedene Objekte damit zu bezeichnen, wie z.b. oben genannt, ein Element, eine Person mit einer bestimmten Eigenschaft oder Aussehen (Portz 2005: 61)

wird das Wort der Ursprungsdomäne in die Zieldomäne übertragen und unter Akzentuierung jeweils unterschiedlicher Elemente seiner Bedeutung dort weiterverwendet. In diesem Fall, handelt es sich um sprachliche Bilder, wobei sich zwischen den bildlichen Spenderbereich und dem damit zu bezeichnenden Zielbereich eine Ähnlichkeit gibt(Nübling 2008: 118).

6.5. Metonymisierung

Verschiebungen, bei denen es sich nicht um Ähnlichkeiten handelt, sondern es geht um "Teil-Ganzes-Beziehungen", werden Metonymisierung genannt. Ein charakteristisches Beispiel, ist da Wort *Universität*. Es ist mit mehreren Bedeutungen verbunden. Wenn man das Wort *Universität* verwendet, versteht man darunter 'die Institution', 'das Gebäude' und 'die Gesamtzahl der Studenten'.

6.6 Analysen der Bewegungsverben 'gehen' und 'laufen' im Deutschen und im Griechischen

6.6.1 'gehen' , 'πηγαίνω'

Die Verben, die in diesem Teil der Arbeit zu analysieren sind, weisen mehrere Bedeutungen auf, je nach dem Kontext in dem sie zu finden sind. Das   beobachtet man sowohl in der griechischen als auch in der deutschen Sprache.

Wenn man im DUDEN nachschaut, sieht man, dass das Bewegungsverb <u>gehen</u> 13 Bedeutungen hat, die von Kontext abhängen. Im Griechischen hat das entsprechende Verb *πηγαίνω* auch 13 Bedeutungen, doch es wurden erstmals die Bedeutungen von πηγαίνω eingetragen und als nächstes sieht man die 3.Pers. Sing *πηγαίνει* des Verbs. Man merkt, dass das griechische πηγαίνω mehrmals kategorisiert wurde.

In beiden Sprachen ist die Erstbedeutung des Verbes

→ *sich auf Füßen fortbewegen* (DUDEN 2001: 349) auf Griechisch

→ *κατευθύνομαι με τα πόδια* (Χαραλαμπάκης 2014: 1279). In beiden Sprachen werden die eigentlichen Bedeutungen der Bewegungsverben benannt. Dennoch folgen im griechischen Lexikon mehrere "Untergliederungen" der eigentlichen Bedeutungen. Das heißt, dass die ersten sechs Bedeutungen im Griechischen sich darin unterscheiden, ob ein Verkehrsmittel benutzt wird, ob die Person in einem Ort oft geht, ob jemand begleitet wird, irgendwo ankommen usw. Im DUDEN sieht man auch, dass die ersten Einträge, die eigentliche Bedeutung zeigen. Man sieht auch mehrere umgangssprachliche Verwendungen des Verbs wie z.B. *Er ging als Cowboy* (DUDEN 2001: 349), was heißt, dass er sich 'verkleidet hat'. Im Griechischen wird es auch so verwendet, *πήγε ως καουμπόι*.

Viele sind auch die Bedeutungen metaphorischer Art, die meistens sowohl im Deutschen als auch im Griechischen zu sehen ist. Z.B die Phrase *die Uhr geht gut*, zeigt, dass diese Uhr funktioniert. Diese Art der Metaphorik sieht man auch beim Griechischen.

Ein anderes Beispiel der Metaphorischen Art ist: *das Geschäft geht sehr gut, alles geht nach Wunsch.* Dieses gilt auch für das Griechische: *το μαγαζί πάει καλά, όλα πάνε κατ'ευχήν.*

6.6.2 'laufen', 'τρέχω'

Eine ähnliche Analyse wird bei dem Wort *laufen* und *τρέχω*, das entsprechende im Griechischen.

Es handelt sich wieder um ein Bewegungsverb und die erste Bedeutung, die im DUDEN eingetragen ist, ist

→ 'schnell gehen', genau so findet man es im griechischen Lexikon

→ 'κινούμαι πιο γρήγορα απ' όταν περπατώ'.

Im Deutschen werden 13 Bedeutungen aufgelistet, während im Griechischen auch mehrere Bedeutungen zu sehen sind. Es wird zusätzlich die 3.Pers. Sing. *τρέχει* angegeben, die direkt in Phrasen benutzt wird. Das heißt, dass man im griechischen Lexikon wieder Untergliederungen sieht. Diese sind meistens metaphorisch und werden in der Umgangssprache angewendet. Als folgendes wird ein Vergleich zwischen den zwei Sprachen gemacht.

Das deutsche *gehen*, drückt auch aus, dass etwas 'gültig ist' oder 'vonstattengeht', im Griechischen 'κάτι βρίσκεται σε εξέλιξη', z.B ein Vertrag.

→ *der Vertrag läuft zwei Jahre lang,*
  der Prozess läuft noch,

→ *τρέχει η προθεσμία, τρέχουν οι μέρες*

Die Phrase dennoch, *das Geschäft läuft gut* wird im Griechischen mit *πηγαίνω* ausgedrückt, *το μαγαζί πάει καλά.*

Eine andere Bedeutung metaphorischer Art ist, *die Tränen liefen über das Gesicht,* in der Griechischen Sprache wird es auch so ausgedrückt, *τα δάκρυα έτρεχαν ποτάμι.* Metaphern wie, *τρέχω με εκατό χιλιόμετρα την ώρα* (Fahrzeug) oder *τρέχω να βοηθήσω* sieht man im Deutschen nicht, da ein Fahrzeug dar Verb *fahren* voraussetzt.

7. Schlusswort

Das mentale Lexikon und seine Struktur erlauben uns Sprache, Wörter zu produzieren und Wortassoziationen zu machen. Solche stehen in Verbindung zueinander und die Form jedes Wortes wird mit seiner Referenzklasse verbunden. Solche Bereiche wurden in der Arbeit ausführlich bearbeitet und der Kern dieser war die Kategorie der Bewegungsverben. Konkreter, wurden Bewegungsverben der griechischen und deutschen Sprache durch Listen verglichen. Diese befinden sich im Teil des Anhangs. Durch ein Frame- Diagramm wurden Wörter untersucht, die mit dem Wort Frosch assoziiert sind. Eine Bildgeschichte wurde in einem Text umgewandelt und man beobachtete wie deutsche Bewegungsverben ins Griechische übertragen wurden. Da das Deutsche eine S-Sprache ist, werden die Informationen außerhalb der Verbwurzel ausgedrückt. Die Übersetzung dieser ins Griechische zeigte Unterschiede. Durch solche Analysen, wurden die Bereiche der Lexikologie untersucht.

8. Literaturverzeichnis

Aitchinson, Jean (1997): Wörter im Kopf. Eine Einführung in das mentale Lexikon. Konzepte der Sprach- und Literaturwissenschaft, übersetzt Martina Wiese, Berlin: Niemeyer Verlag.

Bauer, Lena (2010): Bewegungsereignisse im Deutschen als Fremdsprache. Lexikalisierungsmuster bei japanischen Lernern. Masterarbeit zur Erlangung des akademischen Grades Master of Arts (M.A.) im Fach Deutsch als Fremdsprache, Berlin: Humboldt- Universität.

Busse, Dietrich (2009): Semantik. LIBAC, Paderborn: W.Fink UTB.

DUDEN – Das Stilwörterbuch(2001), Mannheim: Dudenverlag.

Nübling, Damaris (2008): Historische Sprachwissenschaft des Deutschen. Eine Einführung in die Prinzipien des Sprachwandels, Tübingen: Narr Verlag.

Portz, Renate (2005): Wort und Wortschatz. Lexikologische Betrachtungen zum Deutschen, Athen: Praxis.

Ulrich, Winfried (2010): Zur lexikalischen Semantik des Deutschen, Kiel: Christian-Albrechts- Universität.

Χαραλαμπάκης, Χριστόφορος (2014): Χρηστικό Λεξικό της Νεοελληνικής Γλώσσας, Αθήνα: Ακαδημία Αθηνών.

Quellen aus dem Internet

https://de.wikipedia.org/wiki/Verb-framed_Language

Anhang

1. Der Frosch

In diesem Teil präsentiere ich die Liste mit den assoziierten Wörtern zu"Frosch". Insgesamt sind es 37 Wörter, darunter sind Nomen, Adjektive und Verben. Es folgen die Listen mit der Kategorisierung der Wörter.

Nomen		
Lebewesen	Blase	Sumpf
Tier	Zunge	Teich
Amphibie	Jagdinstrument	Schlamm
Kröte	Wasseroberfläche	Insekt(Ernährung)
Hinterbeine	Wasser	Spinne
Sprungbeine	Garten	Fliege
Quaktöne	Pfütze	Ufer

Adjektive		
grün	glitschig	ekelhaft
hässlich	klebrig	springend
klein	schleimig	schwimmend

Verben			
springen	hüpfen	fressen	fangen
schlucken	verspeisen	fischen	

2. Frame-Diagramm zu "Frosch"

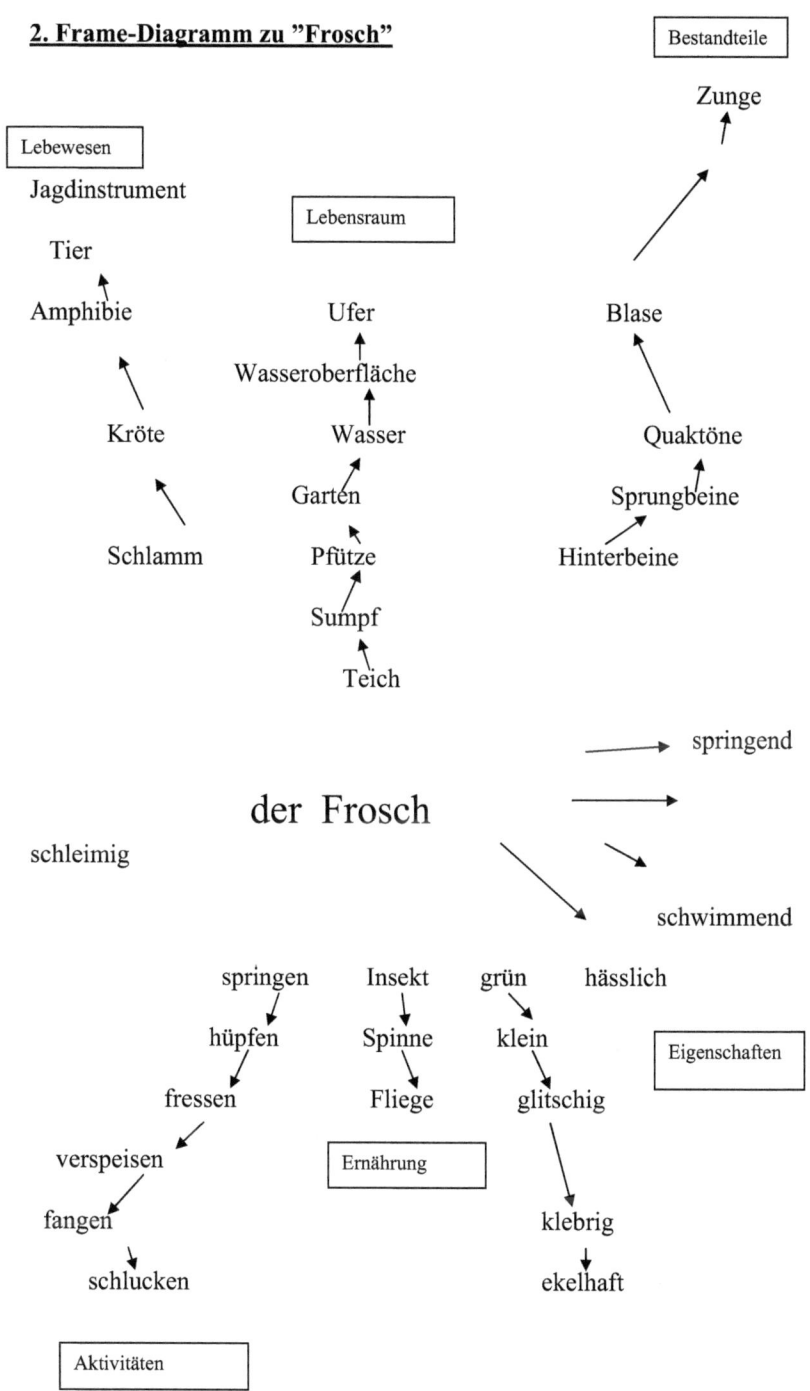

Bestandteile

Zunge

Lebewesen

Jagdinstrument

Tier

Lebensraum

Amphibie

Ufer

Blase

Wasseroberfläche

Kröte

Wasser

Quaktöne

Garten

Sprungbeine

Schlamm

Pfütze

Hinterbeine

Sumpf

Teich

springend

der Frosch

schleimig

schwimmend

springen   Insekt   grün   hässlich

hüpfen   Spinne   klein

Eigenschaften

fressen   Fliege   glitschig

verspeisen   Ernährung

fangen   klebrig

schlucken   ekelhaft

Aktivitäten

18

3. Deutschsprachige Version der Bildbeschreibungen

Bild: 1-8

Es war einmal ein kleiner Junge spät Nacht in seinem Zimmer. Er spielt für eine Weile mit einem Frosch, den er im Wald gefunden hat und seinen Hund. Bisschen später geht der Junge schlafen. Der Forsch geht aus seinem Gefäß heraus und springt durch das offene Fenster raus. Am nächsten Morgen wacht der Junge auf und merkt, dass der Frosch fehlt. Zusammen mit seinem Frosch durchwühlt er seine Sachen, um den Frosch zu finden. Dieser war nirgendwo. Beide rufen ihn aus dem Fenster, obwohl der Kopf des Hundes im Gefäß stecken geblieben ist. Plötzlich springt er raus. Als nächstes springt auch der kleine Junge und fängt ihn. Das Gefäss zerbricht wegen dem Sturz. Auf der Suche nach dem Frosch, spazieren sie zusammen im Wald.

Bild: 22- 24

Der Junge und sein Hund lagen auf einem, auf dem Boden gelegenen Baumstamm und merken, dass der Frosch mit seiner Mutter dahinter sitzt. Dazu kommen noch weitere kleine Frösche. Der kleine Junge und sein Hund winken der Froschfamilie und gehen fröhlich nach Hause.

3.1Griechischsprachige Version der Bildbeschreibungen

Bild: 1-8

Μια φορά κι έναν καιρό ήταν ένα μικρό αγόρι αργά το βράδυ στο δωμάτιο του. Παίζει για λίγη ώρα με το βάτραχό του, που βρήκε στο δάσος και με το σκύλο του. Λίγο αργότερα ξαπλώνει και κοιμάται. Ο βάτραχος βγαίνει από το δοχείο και πηδάει από το ανοιχτό παράθυρο. Την επόμενη μέρα όταν το αγόρι ξυπνάει, αντιλαμβάνεται ότι ο βάτραχος λείπει. Μαζί με το σκύλο του ψάχνει τα πράγματά του για να βρει το βάτραχο. Αυτός όμως δεν είναι πουθενά. Και οι δυο του φωνάζουν από το παράθυρο, ενώ ο σκύλος είναι παγιδευμένος στο δοχείο. Ξαφνικά ο σκύλος πηδάει κάτω. Ύστερα πηδάει και το αγόρι και πιάνει το σκύλο. Το δοχείο ωστόσο σπάει από την πτώση. Και οι δυο περπατούν στο δάσος για να αναζητήσουν το σκύλο.

Bild: 22-24

Το αγόρι και ο σκύλος του κάθονταν πάνω σε έναν πεσμένο κορμό δέντρου και είδαν ότι ο βάτραχος και η μητέρα του βρίσκονταν από πίσω. Στη συνέχεια ήρθαν κι άλλοι βάτραχοι. Το αγοράκι και ο σκύλος τους χαιρέτησαν το βάτραχο και την οικογένειά του και χαρούμενοι επέστρεφαν στο σπίτι.

4. Deutschsprachige Version der Bildbeschreibungen(bezogen auf jedes einzelne Bild)

Bilder: 9-21

9. Der kleine Junge sucht in einem Loch und der Hund springt auf einen Bienennest.

10. Aus dem Loch kommt ein Maulwurf raus und erschreckt den Jungen. Der Hund holt mit seinem Springen alle Bienen aus dem Nest raus.

11. Das Nest fällt auf den Boden und inzwischen klettert der Junge auf einen Baum, um in der Höhlung des Baumes reinzuschauen.

12. Die Bienen jagen den Hund und werfen den Jungen auf den Boden.

13. Der Junge befindet sich hinter einen großen Felsen und wird von einer Eule gestört.

14. Er steigt auf den Felsen und stützt sich an zwei Äste.

15. Diese Äste sind eigentlich Hörner von einem Hirsch.

16. Der Hirsch fängt ihn und jagt den Hund.

17. Es stürzt sich in einem Teich hinunter und sein Hund stürzt mit ihm.

18. Beide liegen nass im Teich.

19. Sie hören Stimmen hinter den Stamm.

20. Der kleine Junge sagt dem Hund ruhig zu sein.

21. Beide klettern auf den Stamm, um zu sehen, wer sich dahinter befindet.

4.1 Griechischsprachige Version der Bilderbeschreibungen

Bilder: 9-21

9. Το αγοράκι ψάχνει σε μια τρύπα στο έδαφος και ο σκύλος πηδάει πάνω σε μια μελισσοφωλιά.

10. Από την τρύπα ξετρυπώνει ένας τυφλοπόντικας και τρομάζει το αγοράκι, ενώ ο σκύλος καθώς πηδάει πάνω στη φωλιά βγαίνουν όλες οι μέλισσες έξω.

11. Η φωλιά πέφτει, ενώ το αγοράκι σκαρφαλώνει στο δέντρο και ψάχνει μέσα στην κουφάλα.

12. Οι μέλισσες κυνηγάνε το σκύλο και ρίχνουν το αγόρι κάτω.

13. Το αγοράκι βρίσκεται πίσω από έναν βράχο και τον ενοχλεί μια κουκουβάγια.

14. Ανεβαίνει πάνω στο βράχο και πιάνει δυο μεγάλα κλαδιά.

15. Αυτά τα κλαδιά τελικά είναι τα κέρατα από ένα ελάφι.

16. Το ελάφι τον πιάνει και αρχίζει να τρέχει.

17. Ρίχνει το αγόρι στη λιμνούλα και πέφτει μαζί του και ο σκύλος.

18. Ο σκύλος και το αγοράκι βρίσκονται βρεγμένοι μέσα στη λιμνούλα.

19. Ακούνε φωνές πίσω από τον κορμό ενός δέντρου.

20. Το αγοράκι λέει στο σκύλο να κάνει ησυχία.

21. Και οι δύο σκαρφαλώνουν στον κορμό για να δούνε τι βρίσκεται από πίσω.

5. Liste mit den Bewegungsverben der Texte. Links sind die Bewegungsverben auf Deutsch und rechts auf Griechisch.

Semantische Merkmale		
	Deutsch	Griechisch
+ Schnelligkeit	jagen	κυνηγάνε, τρέχει
Besondere Art der Fortbewegung	klettert, steigt	Ξετρυπώνει, σκαρφαλώνει
Gestörte, unkontrollierte Fortbewegung	fällt, stürzt hinunter	πέφτει
Energische Fortbewegung	springt, springt raus, klettert	πηδάει, ανεβαίνει
Ruhige Fortbewegung	geht, geht heraus, spazieren, kommen	Βγαίνει, περπατούν

6. Übersetzung des Textes „Maria studiert Germanistik" ins Griechische

Η Μαρία σπουδάζει Γερμανική Φιλολογία

Η Μαρία σπουδάζει Γερμανική Φιλολογία στο πανεπιστήμιο της Αθήνας. Τρεις φορές την εβδομάδα πρέπει να πηγαίνει εκεί, για να παρακολουθεί διαλέξεις. Πηγαίνει με το λεωφορείο, μέσα στο οποίο επιβιβάζεται πολύ κοντά στο σπίτι της. Πρέπει μόνο να στρίψει δεξιά, να διασχίσει κατά μήκος το δρόμο μέχρι το φανάρι και περνώντας το δρόμο να στρίψει λίγα μέτρα αριστερά και να πάει στη στάση. Εκεί επιβιβάζονται και αποβιβάζονται πολλοί άνθρωποι. Μερικοί σπρώχνονται και παίρνουν τη θέση άλλων, άλλοι όμως παραχωρούν τη θέση τους. Το λεωφορείο περνάει από κέντρο της Αθήνας, στρίβει κάποια στιγμή με κατεύθυνση προς Ζωγράφου και στη συνέχεια ανηφορίζει. Όπου υπάρχει πολλή κυκλοφορία, πηγαίνει με χαμηλή ταχύτητα, διαφορετικά τρέχει με μεγάλη ταχύτητα στους δρόμους. Όταν η Μαρία αποβιβαστεί στην τερματική στάση, χρειάζεται να περπατήσει μια μικρή απόσταση με τα πόδια για να φτάσει στο κτίριο του τμήματος της Φιλοσοφικής. Εισέρχεται σε αυτό μέσω μιας πύλης από τζάμι και μπαίνει στο ασανσέρ για να φτάσει στον έβδομο όροφο.

Στα κενά μεταξύ των διαλέξεων της αρέσει να επισκέπτεται τη βιβλιοθήκη. Προτιμά να κάθεται πίσω στην αίθουσα, γιατί επικρατεί ησυχία.

Όταν θέλει να πιεί έναν καφέ, πηγαίνει κάτω στο τέταρτο όροφο, όπου υπάρχει μια καφετέρια. Το καλοκαίρι μπορεί κανείς να κάτσει και στον εξωτερικό χώρο. Όταν το ασανσέρ είναι εκτός λειτουργίας, κατεβαίνει με τις σκάλες. Για να επιστρέψει πάλι, ανεβαίνει τις σκάλες. Η κίνηση αυτή είναι ευεργετική, όταν πρέπει να βρίσκεται καθιστή αρκετές ώρες.

Μερικές φορές μετά το πανεπιστήμιο, η Μαρία είναι τόσο κουρασμένη, που αφότου φτάνει στο σπίτι, πέφτει κατευθείαν για ύπνο. Άλλοτε πηγαίνει στο γυμναστήριο, όπου κάνει ποδήλατο, γυμνάζει τα χέρια και τα πόδια σε άλλα όργανα και τρέχει στο διάδρομο. Στο διάδρομο μπορεί κανείς να τρέξει είτε με μικρότερες είτε με μεγαλύτερες ταχύτητες, τόσο ανηφορικά όσο και κατηφορικά, σαν να διασχίζει κανείς μια λοφώδης περιοχή. Επίσης υπάρχουν ασκήσεις, τις οποίες κάνει κανείς ξαπλωμένος. Σ' αυτές ξαπλώνει κανείς στο πάτωμα, είτε ανάσκελα είτε μπρούμυτα και κινεί μέρη του σώματος προς τα πάνω, προς τα κάτω καθώς και πλάγια. Μπορεί κανένας να κάτσει σε ένα είδος πάγκου και να σηκώσει βάρη κάνοντας κινήσεις προς τα πάνω, προς τα κάτω, μπροστά και πίσω καθώς και πλάγια. Στη Μαρία αρέσει επίσης, το τρέξιμο στο δρόμο και στο πάρκο. Όμως λόγω του ανώμαλου δρόμου μπορεί κανείς εύκολα να σκοντάψει.

7. Liste mit den Bewegungsverben des Textes sowohl auf Deutsch als auch auf Griechisch

Semantische Merkmale		
	Deutsch	Griechisch
Schnelligkeit +	rasen, joggen, laufen	τρέχω(όχημα), κάνω τζόκινγκ, τρέχω
Schnelligkeit -	kriechen	Κινούμαι με χαμηλή ταχύτητα
gestörte, unkontrollierte Fortbewegung	hinfallen, vordrängeln	πέφτω κάτω, σπρώχνω και παίρνω τη θέση
ruhige, beherrschte Fortbewegung	gehen, ankommen, einsteigen, vorgehen, biegen, aussteigen, bewegen	Πηγαίνω, καταφθάνω, επιβιβάζομαι, παραχωρώ τη θέση , στρίβω, αποβιβάζομαι, κουνιέμαι
energische Fortbewegung	hinuntersteigen, hinaufsteigen	κατευθύνομαι προς τα κάτω, κατευθύνομαι προς τα πάνω
Bewegung mit Mittel	fahren	οδηγάω
andere	müssen (als Vollverb)	πρέπει να πάω

8. Die ergänzte Liste von Bauer durch meine Bewegungsverben

Semantische Merkmale	Art-Verben	Meine Bewegungsverben	Griechische Äguivalente
+ Schnelligkeit	Brausen, fegen, fliegen, flitzen, rasen, rennen, sausen, sprinten, spritzen, stieben, stürmen, stürzen, wetzen, wieseln	Jagen, rasen, joggen, laufen	Κυνηγώ, τρέχω γρήγορα, κάνω τζογκινγκ, τρέχω

- Schnelligkeit	Bummeln, gondeln, schlendern, trödeln, trotten		
Unsichere, gestörte Fortbewegung	Hinken, humpeln, lahmen, schwanken, stolpern, tappen, tapsen, taumeln, torkeln, wanken	fällt, stürzt hinunter, hinfallen, vordrängeln	Πέφτει, πέφτει κάτω, πέφτει κάτω, μπαίνω μπροστά στη σειρά
Beherrschte, ruhige Fortbewegung	Flanieren, schreiten, spazieren, stolzieren, wandeln, wandern	gehen, ankommen, einsteigen, vorgehen, biegen, aussteigen, bewegen, geht heraus, spazieren, kommen	Πηγαίνω, φτάνω, επιβιβάζομαι/ μπαίνω μέσα, πηγαίνω μπροστά, στρίβω, αποβιβάζομαι, κινούμαι, βγαίνω από κάτι, περπατώ, έρχομαι
Nachlässige Fortbewegung	Latschen, schlappen, schlurfen, trotten, watscheln, zotteln, zuckeln		
Energische Fortbewegung	Marschieren, stampfen, stapfen, stelzen, stiefeln, trampeln	springt, springt raus, klettert, hinuntersteigen, hinaufsteigen	Πηδάει, πηδάω έξω, σκαρφαλώνει, κατεβαίνω κάτω, ανεβαίνω πάνω
Unkontrollierte Fortbewegung	Gleiten, rutschen, schliddern, stolpern		
Auf allen Vieren, mit dem Körper	Krabbeln, kriechen, robben, rollen	kriechen	σέρνομαι

+/- akustisch	Huschen, patschen, poltern, schleichen, schlurfen, stampfen, stöckeln, schweben, tappen, tapsen, trampeln, trappeln, trippeln		
Fortbewegung im Wasser	Kraulen, schwimmen, tauchen, waten		
Besondere Art und Weise der Fortbewegung	Hangeln, hopsen, hoppeln, hüpfen, klettern, kraxeln, springen, tanzen, turnen	müssen (als Vollverb), fahren	Πρέπει να…, οδηγάω